# EL TIEMPO AL REVÉS

## Adriana I. Gordillo

**El tiempo al revés**

Primera Edición 2025

© *Adriana Isabel Gordillo Correa 2025*
© *Imagen de portada: Daniela Gordillo Figueroa*

© *Editorial Poesía eres tú.*
*https:// poesiaerestu.com*
*C/Dr. Fleming Nº50, 4ºD*
*28036 Madrid*
*Teléfono: 34 91 345 38 17*
*Fax: 34 91 350 80 54*

*ISBN: 978-84-18893-94-0*
*Depósito Legal: M-3750-2025*

# EL TIEMPO AL REVÉS

## ADRIANA I. GORDILLO

## La poesía de Adriana Gordillo. Exploraciones inciertas con un ancla en lo sencillo

Al llegar al final del presente poemario, el lector comprenderá que comience este texto de bienvenida con una referencia al arte poética de Vicente Huidobro: el chileno vanguardista de comienzos del siglo XX nos llama a que al escribir poesía inventemos nuevos mundos; a que el poeta sea un pequeño Dios. Este llamado no se queda en el ámbito teórico ni en la levedad de lo abstracto. La poesía, como decía Huidobro, no es solo una imitación de la naturaleza, sino un acto de creación que parte de la palabra misma para traer al mundo nuevas formas, nuevos universos posibles. Y es precisamente en este espíritu de invención que la poesía de Adriana Gordillo toma cuerpo. Su voz lírica no se limita a describir lo que ya existe, sino que, desde la raíz de lo humano, teje mundos, constelaciones y horizontes que nos permiten ver más allá de la cotidianidad.

La poesía de Adriana Gordillo es, en este sentido, su propia forma de creación. Una poeta que no crea desde un pedestal, ni desde la caída vertiginosa hacia alturas celestiales, sino desde una intersección entre lo trascendente y las horas cotidianas. Su mirada no es la de un observador distante, sino la de una humanidad consciente de sí misma, consciente de sus vínculos, de sus afectos, de sus heridas. Gordillo observa desde el sofá de una sala convencional, en la quietud del día a día, pero al mismo tiempo, lo hace desde un gran ojo estelar que escudriña las inmensidades cósmicas. Esa dualidad de su mirada, tan humana y tan universal a la vez, se convierte en la esencia misma de su poesía, que fluye con la misma facilidad en las grandes reflexiones metafísicas que en las pequeñas emociones del corazón.

*El tiempo al revés* se puede leer como una historia que es tanto personal como trascendental. La poeta juega con la paradoja temporal, no solo como un recurso estilístico, sino como una forma profunda de reflexión sobre la vida misma. Este no es un poemario que se sienta cómodo en las certezas, sino que se lanza al abismo de lo incierto, buscando en el juego de las palabras una revelación afectiva, una conexión entre la imagen poética y la emoción humana. A lo largo del libro, la voz lírica se permite experimentar la temporalidad y la espacialidad cósmica, pero en cada giro de su reflexión siempre hay algo que la ancla a la tierra, algo que la regresa al presente y la hace conectarse con los hilos invisibles del amor, la pérdida, la decepción, la esperanza, el aburrimiento, la vida misma.

Esta tensión entre lo épico y lo cotidiano, entre lo universal y lo personal, es uno de los grandes logros de *El tiempo al revés*. El libro no es solo un recorrido a través de las estaciones del año, ni es simplemente una reflexión sobre la fugacidad del tiempo. Es una travesía que se maravilla y se entristece; que se adentra en lo más íntimo del ser humano y, al mismo tiempo, se detiene a contemplar la vastedad del universo. En sus cinco partes, este poemario se desliza con suavidad entre la reflexión filosófica y el susurro de lo cotidiano, mostrando que las pequeñas alegrías y tristezas del día a día también son parte de ese gran ciclo cósmico que nos atraviesa. De repente, la voz lírica se encierra en una esquina silenciosa, casi imperceptible, en tres líneas de versos sutiles. Y en otro momento, se deja llevar por un destello de luz, se ríe, y nos hace un guiño, invitándonos a seguirla por ese sendero que atraviesa otoños, fríos infernales, y, finalmente, nos lleva a la primavera y al calor del verano, donde la vida parece derramarse sin restricciones, como el agua que lo nutre todo.

Este recorrido por las estaciones, este ir y venir de la vida que se despliega entre el frío y el calor, entre la luz y la sombra, también está marcado por la habilidad de Adriana Gordillo para conectar estos vuelos conceptuales, físicos y metafísicos con la experiencia de cualquier ser humano. Su poesía no es solo una reflexión personal, sino que se convierte en un espejo que refleja las emociones y las vivencias universales. En el proceso de descubrirse a sí misma, la voz lírica de Gordillo establece una conexión profunda con el pasado, con los hilos invisibles que la unen a sus predecesores y predecesoras. Esta unión con el pasado no se limita a los lazos familiares, sino que se extiende a un plano mucho más amplio: la poeta se reconoce a sí misma en las voces artísticas y poéticas que la precedieron, en los gestos, las huellas y las escrituras que conforman su identidad.

El libro se inicia, de hecho, con el poema "Pedacitos de tiempo", donde Gordillo ilustra cómo su voz lírica se nutre de las herencias materiales y espirituales de las mujeres de su familia. Este poema no solo marca el origen de la voz lírica, sino que también conecta la poesía con un sentido tangible de la historia, con el tejido invisible de las generaciones pasadas que habitan la memoria. Este poema además ilustra el interés de la poeta en la intersección entre diferentes expresiones artísticas: lo lírico se interrelaciona con las artes visuales. El poema hace parte del proceso creativo para la pieza "Little Pieces of Time", también referida amorosamente por la autora como "Alfileriña". Este nuevo ser de pedacitos hilvanados por el tiempo y el afecto apareció en septiembre de 2024 en Saint Paul, Minnesota, durante la exhibición de arte *Latina/Latinx Minnesota* en la galería Catherine G. Murphy en St. Catherine University. Alfileriña es la integración orgánica de los elementos heredados de la tía y los desarrollados por Gordillo. Hay allí un nuevo todo, una nueva vida con su propia unidad. Se trata de una variación expresiva del tema del poema. Al igual que la poesía, Alfileriña cuenta una historia de identidad, de memoria y de tránsito a través del tiempo. En esta pieza, Adriana Gordillo no solo nos invita a experimentar su poesía a través de las palabras, sino también a través del silencio de las telas, de los arbustos, de las herramientas usadas en la confección de vestidos, de las cosas que tiernamente cuelgan en los lugares familiares del recuerdo. Aquí se fusionan múltiples medios expresivos y la poesía adquiere una dimensión que trasciende el lenguaje verbal para convertirse en una experiencia sensorial, visual y emotiva.

Así, *El tiempo al revés* se convierte en un testimonio de la capacidad creativa de Adriana Gordillo para explorar las profundidades de la existencia humana, sin renunciar a la belleza, la emoción y el juego de la palabra. Su poesía, siempre cercana, siempre tangible, nunca se limita a la contemplación pasiva; es un llamado a la acción, a la conexión, a la exploración de los hilos invisibles que nos unen al universo, al tiempo y a los otros. En este libro, como en la vida misma, todo se encuentra en perpetua transformación, y es en este juego que la poesía de Gordillo se mueve con la libertad de quien sabe que cada momento, cada palabra, es un pequeño universo en sí mismo.

Carlos Mario Mejía Suárez
Profesor de lenguas, literaturas y culturas modernas
Gustavus Adolphus College

# Poemas de tiempo

## Pedacitos de tiempo

Somos pedacitos de tiempo
trocitos de historias
hiladas con agujas ciegas y botones de colores
brocados henchidos de espacios
que se filtran discretos en nuestros recuerdos.

Hoy encontré los pedacitos de tiempo de mi abuela.
Andaban por ahí, escondidos en la fotografía borrosa
de una mujer sentada en su máquina de coser.

Los trocitos de historia de mi abuela invadieron la tarde
adormecida de este verano distante.
Llenaron mi mente de imágenes punzantes
de un desplazamiento forzado, de una guerra que no viví.

Recordé las tardes luminosas en las que fui sus ojos
enhebrando agujas, sus manos, regando un mar de plantas,
su eco, abrazando la historia de sus días.

Y mi cuerpo vibró, se convirtió en hilitos
se tornó en pedacitos de un nuevo tiempo
cuando entendí que hoy,
cuando mi abuela ya no está
hoy, yo soy su espacio.
Hoy, soy yo su tiempo.

Y hoy estoy aquí, sobreviviendo nuevas-viejas guerras
sembrando palabras viejas-nuevas
y con botones, hilos y retazos esculpo mis recuerdos
while I carelessly water the plants of another land.

## Jugando a la escondida

El tiempo se deslizó sigiloso
por las aristas del día
y yo, desde el sofá
mirando el árbol vecino
pensé en cómo levantarme
quizás, si acaso me animaba,
para ir en busca
del dichoso tiempo perdido.

## Justa medida

Qué difícil es medir el tiempo.
Qué imposible nadar contra la corriente
de una memoria perdida.

Qué difícil es medir el tiempo.
Asir un recuerdo escurridizo
y atarlo al poste de una cifra sin sentido.

Qué difícil es medir mi tiempo
cuando ya no hay días frente a mí,
cuando las líneas del mañana se desdibujan
y volutas de una niebla oscura
se mecen obstinadas en el árbol del ayer.

## De cómo nacen los mitos

El tiempo sin reloj
flota a mi alrededor
como una nube espesa
cálida
con visos iridiscentes
como una piedra lunar.

El tiempo sin reloj
me acompaña
cuando estoy triste
cuando tu ausencia se aposenta
en los días mudos.

Un día, cuando el tiempo sin reloj
me abandone
volveré a inventar
volveré a soñar
y entonces vivirás conmigo
en el espacio del mito
en la nueva historia que tejí
mientras navegaba sin rumbo
entre los hilos opalinos
del tiempo sin reloj.

## Tiempo de duelo

Me he quitado el reloj
para no saber del tiempo
mientras entiendo
cómo vivir sin ti.

## Mantra

Un mantra es un manto
que cubre de vibraciones tu garganta.

Un mantra es una escafandra
donde se esconde la oración del día.

Un mantra es una avalancha
de sonidos que rebotan entre las paredes del tiempo.

Un mantra es una idea que se ensancha
y un himno que suplanta la ilusión del mañana.

## La visita de Sísifo

Hoy me siento triste.
El día se va sin prisa
y yo, colgada del brazo
de una hora larga
me dejo llevar por la corriente
que lentamente me empuja
hacia el destierro de la noche.

## El olor del tiempo

Hoy me levanté oliendo como mi abuela.
No supe cuándo llegué a este punto olfativo.
Sólo supe que los días
se deslizaron sobre mi piel.

Lo hicieron sin que yo,
extraviada en el hastío del presente,
notara el crepitar de aquel olor.

Se trataba, hoy lo sé, del abrazo de mi abuela,
del aroma del tiempo que, ingenuo,
me esperaba en una esquina feliz de mi pasado.

## Relatividad

Ayer me perdí
en un laberinto de tiempo
y cuando salí mañana
entendí que estoy
aún hoy
en el mismo segundo.

## Perdiendo el tiempo

Un árbol me mira desde la ventana, curioso.
No entiende por qué me siento
por horas,
sin dejar el escritorio
frente a este ermitaño aparato.

El árbol me sonríe y me saluda
batiendo sus hojas
sacudiéndose el nido
de una ardilla necia.

El árbol me invita a su lado
antes de que el invierno crudo lo desnude
y me deje aquí mismo, sentada
viendo pasar el viento
sin el canto de su saludo.

## Tiempo libre

Me gustan las mañanas lentas
de los sábados sin planes.
El tiempo se dilata,
las horas se vuelven perezosas
me dejan hacer, me dejan soñar.

Las mañanas lentas de los sábados sin planes
me hacen libre en segundos.
La taza de café y yo nos abrazamos,
y nos sentamos a conversar plácidas en el sofá
abandonado en el tiempo de la semana.

Las horas cordiales de los sábados sin planes
me esperan sin prisa
mientras el olor del café se ausenta
y yo, me lleno de valor
para enfrentar al triste domingo
que me hace guiños desde la ventana.

## Cotidianidad

Cuando te marchaste
te extrañé.
Cuando regresaste,
me hizo falta tu ausencia.

# Poemas galácticos

## El nacimiento de una galaxia

Quiero escribir un cuento sobre el cosmos.
Un cuento que hable del más allá
sin despertar a dios
sin invitar la física de los astros.
Un cuento cuya canción sin interludio
me lance directo al centro de una estrella negra.

Quiero que sea un cuento sin ecuaciones
sin dudas ni origen sagrado.
Lo imagino libre de símbolos, gaseoso.
Un cuento de terciopelo recubierto de tambores
que, como si nada,
abrazan el rojizo titilar de un púlsar.

Quiero que sea el hermano ausente
de una fotografía mustia,
disminuida por la anemia del tiempo.
Quiero que al final, cuando ya no sea más,
ese cuento galáctico me invite
a ser el título de su pequeño cuerpo.

## La tragedia de la estrella fría

¿Cómo escribirle un poema a un agujero negro
si es, dicen, "una burbuja de luz congelada por la gravedad,"
los restos desperdigados de una estrella fría?

Si es el espacio sin región
el abrazo imbatible doblegado sobre sí mismo
¿Cómo escribirle y escapar, invictos,
el horizonte de sucesos, el lugar común?

## El Gran Vacío

Sesenta galaxias habitan el Gran Vacío,
la Gran Nada, en la vecindad del Boyero.

Sesenta solitarias galaxias son el tabique,
la frontera que separa
las más formidables burbujas
de materia oscura.

Sesenta galaxias ancladas
en un cúmulo de neutrinos,
partículas fantasma y avenidas
deformadas por hilos de luz.

Caminos de helio e hidrógeno,
de fotones perdidos
entre una niebla espesa
en donde buscamos desaforados
la gravedad,
los campos electromagnéticos,
los grilletes que nos atan,
día a día,
al dolor de esta Tierra.

## Astrofísica de un poema

El pulsar de una galaxia
los colores ingrávidos
y la canción de cuna
que brotaron junto al universo
se detienen frente al hacedor
frente al mago
nigromante encantador
de la materia oscura que yace
entre palabra y palabra.

## Artesanía galáctica

A veces, cuando la luna se esconde
detrás de una nube
cuando la oscuridad se filtra
en los rincones de mi mundo pequeñito
me siento a tejer una escalera de sueños
para subir a la estrella que me guiña el ojo
desde la esquina de una galaxia vecina.

## El origen del fin

El infinito nació un día sin sol
creció y se multiplicó
y tras una larga pena
decidió esconderse
decidió ignorarnos
y entre números irreales
en silencio desapareció.

## De cómo nace un agujero negro

Un sol pequeñito
resolvió volverse el centro
de una galaxia.

Giró, giró y giró
dando vueltas al ritmo
de una melodía antigua
que, sin saberlo,
regía su instinto creador.

De tanto danzar le salieron brazos
y el sol pequeñito se hizo espiral
se llenó de estrellas
se cargó de nubes y asteroides
y se hizo grande, muy grande
hasta que, de tanto bailar,
mareado y compacto
colapsó sobre sí mismo
sin entender su propia gravedad.

## Maternidad

Se acercó Teia a la Tierra
dos diosas enamoradas,
gravemente atraídas
incitadas, dicen, por Venus.

Se hicieron uno
se hicieron una
se ocultaron bajo el manto
de la Tierra
colapsaron en lava
unieron sus núcleos
y de su impacto nació Selene.

**¡Oh, culto!**

Eclipse de sol
un dios oculto llega
sin luz ni sombra.

## Muerte lejana

El viento que sientes hoy
es el viento de otra galaxia.
Llegó ayer, calladito y sin equipaje.

Se coló entre los pliegues
de nuestra atmósfera
ocultándose entre las copas
de árboles sin hojas.

El viento venía de otra galaxia,
huyendo de una explosión antigua
cuya luz, apenas hoy,
se asoma por los costados
de nuestra noche.

## Poema en un aeropuerto

El universo es una simulación
dijo el astrofísico.

El universo es una flor
dijo el poeta.

El universo es el mar
dijo un río.

El universo eres tú
dijo un microbio
y se dispuso a colonizarme.

## 2025

Los anillos de Saturno decidieron
desaparecer en medio de la noche.
Cada quince años,
los anillos se van de fiesta,
y cuando se ven de canto,
se van de canto y de juerga
invisibles en la Tierra.

# Amaterasu

La diosa visitó la Tierra una vez más
y un telescopio en Utah
con sus celdas de luz la descubrió.

Llegó desde el Vacío Local,
desde una esquina de la galaxia
avivando el enigma de su origen.

Impulsada por un viento cósmico
Amaterasu cruzó, sin pasaporte,
la frontera de la Vía Láctea.

Llegó a la Tierra llena de energía
ataviada de partículas,
cargada de historias, llena de vida,
llegó habitada de misterios,
inmigrante exótica

¡Ten cuidado con la migra!

# Poemas de agua

# Física del agua

—La luz es como el agua.
Dijo Gabo, sin saber
que le atinaba a la física.

La luz,
materia y onda,
ondulatoria y corpuscular
se refracta y se difracta,
rebota y se dispersa
se desplaza y polariza
y, si te descuidas,
te poliniza.

## Naufragio

Encontré un barco pirata
en el fondo de un arrecife coralino.
Lo encontré habitado por nardos marinos
agitados por una corriente perezosa.

Los cofres de tesoros olvidados
se revestían de corales arbóreos
que servían de albergue a las mariposas acuáticas.

El casco del navío, agujereado y mohoso
servía de alimento eterno
a un solitario pargo criollo quien, como yo,
sobrevive hoy en el vaivén de una ola sin tiempo.

## La isla

La isla me llama y yo respondo.
Me acerco a ella desde el fondo, curiosa,
cautivada por su tiempo místico.

La isla se llena de alegría
cuando me ve llegar.
Eso me digo,
deseando que ella, también
aguarde mi llegada.

Mi isla me mira, sonríe y
risueña, me tiende sus palmas
me ofrece sus aguas dulces que brotan
placenteras
desde el ombligo de un cenote.

Me acerco a ella desde el fondo del mar
y, como siempre
le prometo a su arrecife
que mañana
            quizás mañana
vendré de nuevo
            y un día
perdido entre los días sin tiempo
volveré a su lado
me dormiré en su centro
            así, ausente
sin necesidad de este cuerpo.

## Licuefacción

Cuando pienso en que no volveré a verte
cuando entiendo que sólo me queda de ti
una frágil copia de tu imagen
disolviéndose cada día en mi memoria
me parto en dos, en tres
me vuelvo fragmentos líquidos
y me convierto, sin querer,
en un pequeño mar interior.

## Abrazo

Me senté un día a la orilla del mar
en una playa abandonada
libre de turistas.

Poco a poco,
respiro a respiro,
me fui deslizando
entre el naranja de las olas.

Sin darme cuenta
sin conciencia
y con delicadeza
me recibió el abrazo del mar.

Nos hicimos uno
como Alfonsina,
pero sin drama
como la *Noche de Bodas*
sin triste partida
como el Titanic
sin el punzante dolor de un glaciar.

Nos hicimos uno
el mar y yo
felices y eternos,
fuimos uno
yo y mi mar.

# El ciclo del agua

Hay ríos que se esconden
bajo la tierra.

Se esconden para crecer
sin miedo, sin impurezas.

Viven entre las rocas
en cuevas de arcilla pálida.

Se esconden porque saben del monstruo
que acecha la superficie.

El mar cuenta en su rumor
las historias del engendro bípedo.

Y los ríos, siempre atentos al mar
                dan un brinco
se vuelven cascada en reversa
se van de vuelta a las entrañas de la tierra
y así huyen
se vuelven cenote
aguas juveniles
aguas edáficas
fósiles
                meteóricas
aguas freáticas
y así
los ríos huyen
aterrados
para esconderse
de ti y de mí.

# De cómo nace un río

Una gotica de agua cae
cae
cae
y cae
y se desliza
por la espalda de una montaña
cae y cae otra gotica
y otra
y otra
y caen y caen
y juntas
se abrazan
y caen
y un río
a cuentagotas
nace.

## De cómo nace un aguacero

El cielo se cae a pedacitos
sin saber por qué
cuando las nubes cambian de color.

Y cambian de color
porque no saben qué hacer consigo mismas,
cuando están llenas de sí
cuando el mar y los ríos y los lagos
deciden, a un tiempo y sin tiento
subir los peldaños del viento.

Entonces, las nubes cargadas
pesadas de sí
llenas de mar, de ríos y de lagos
sin saber quiénes son,
sin entender su mar, sus ríos o sus lagos
las nubes se llenan de gris
se desatan, se deshacen
se vuelven goticas…

Y el cielo, ignorante
se cae a pedacitos
azotando mares
desbordando ríos
y ensanchando lagos.

# Mariposa mar adentro

Encontré una mariposa
volando mar adentro
una mariposa blanca
que se confundía con la espuma.

Pensé salvarla
darle cobijo en mi barca
rescatar a la pobre mariposa blanca.

Pensé, proyectándome en su sombra
la pobre está lejos de la tierra
la pequeña navegante
perdida en la soledad de una ola.

Pero la infame no me hizo caso,
la pequeña navegante, mariposa blanca
era decidida, y como yo
amante de un sueño fraguado
en el fondo del mar.

Así, sin más y a destiempo
la pobre mariposa se deshizo
ciega
entre el blanco de una ola
y el amarillo pálido
del último rayo de sol.

## Canción de cuna

Cuando sueño que vuelo, nado,
y cuando nado, siento que vuelo
en medio de un mar que me abraza,
que me arrulla con su canto brusco.

## Encanto

Me gustan los árboles altos y delgados de Portland
porque se parecen a ti.

Me gustan las tardes tranquilas del verano
porque me recuerdan tu paz.

Me gusta el mar abierto
porque siento en él la inmensidad de tu afecto.

# Poemas fríos

## Verano feliz

Otoño cae
infierno, tocas fondo
flores gráciles.

## Adiós

Días cálidos
la lenta agonía
del dios del volcán.

## Otoño

Un arce azul
palideció y triste
lloró sus hojas.

## Preludio de invierno

Las hojas rojas
y sus sombras extensas
señal del blanco.

## Hojas secas

Hay tranquilidad
en este día triste
frío, otoñal.

**Perséfone**

Las sombras largas
envuelven de hastío
los días breves.

## Estatuas del sur

Cuando al viento le da por correr
en las praderas del norte
los que nacimos en el trópico
nos movemos lento
se nos congela el alma
caminamos con la mirada gacha
nos volvemos estatuas.

## Bajo cero

Hoy amaneció
mi mundo escarchado
helado, sin paz.

## Hiemal

El duelo del sol
es blancura compacta
dolor del alma.

## Haiku para leer en silencio

Este sonido
es parte del in_ierno,
del mismo dolor.

## Invierno, destructor de un haiku

Frío ambiente
dolor en cada hueso
sobrevivimos
    a duras penas.

## Invierno en Minneapolis

Un silencio acompañado murmura
al paso de los autos vecinos.

La muralla de nieve se levanta
a la salida del hogar vacío
oscuro
        lloroso
atiborrado de una fina capita de grasa y polvo
impuesta por el encierro de meses.

Un velo de luz tenue y filosa
se posa sobre la vida
y le da al alma un tono amargo
en su infinita tranquilidad.

Una pausa continua
se inmiscuye en el alma
se apodera del día
lo devora en horas
y vuelve
        cada año
infalible.

# Tiempo de poemas

## Realidad

Este poema
acaba en segundos
sin decir nada.

## Piquete

Cuando no sepas qué escribir
me dijo un poema
siéntate en silencio frente a un árbol.

Las ardillas te hablarán de una nuez perdida.
El cardenal te contará la historia de una batalla azul.
Las hormigas se llevarán el cuerpo inerte de una cigarra
que no alcanzó a cantar.

Pero ten cuidado
porque una abeja sin hogar
desahuciada
te inyectará el néctar de la duda
y te llevará con ella lejos
muy lejos de mí.

## Terapia

Cuando el estrés del trabajo te impida
escribir un poema
contar un cuento
dibujar un árbol
recuerda que mañana
y pasado
y el día siguiente
el trabajo seguirá abrumándote
seguirá acorralando tu mente
acaparando tu tiempo
menguando tu aliento
y la única solución
la paz
vendrá escondida
en la voz de tu poema
en la sonrisa de tu cuento
y en el cobijo que encontrarás
en el dibujo de tu árbol.

## Cuadro de costumbres

A veces pinto con palabras
en ocasiones
con unos crayoncitos que dicen "pastel oil"
y, de vez en cuando,
con mis dedos viejos
corrugados
en la pila de arena en donde juegan
los hijos que nunca tuve.

## A Running Poem

No supo a quién hablar
en medio de tanta soledad.

No supo a quién cantar su canción
nasal, melancólica,
de esas que estrujan el corazón
sin atreverse a tocarlo.

Salió corriendo a esconderse
huyendo, evitando el dolor
perdido entre las sombras de la soledad.

Y entonces cantó sin voz
oculto en un recodo del río
clandestino
entre el naranja y amarillo
de un arce sacarino.

Se sintió calientito allí
mientras cantaba quedito
mirando absorto
hacia la línea invisible que separa el río
de su arena.

Allí, junto al naranja y amarillo
comprendió las historias ágrafas
de los anillos de un árbol
y entonces, se aventuró de nuevo
otra vez corriendo, mas no huyendo
siguiendo los caminos del viento
sin temer ya la soledad.

*¿A dónde van las palabras que no se quedaron?*
Silvio Rodríguez

## Se busca

¿A dónde fue la inspiración que me olvidó una tarde de invierno?
¿Dónde anida el manojo de semillas de las que nace un poema?
¿En qué lugar se esconde el rayito de sombra que engendra los cuentos escritos al amanecer?
¿Desde dónde viajan las palabras raras que tejen las novelas tristes?
¿Cómo le haces, tú, para pescar el tiempo extraviado entre palabra y palabra?

A Carlos Mario Mejía Suárez,
*inagotable contador de historias.*

## Hechos alternativos

El contador de historias
destrozó la realidad
un día de otoño,
un día de sombras largas
invadido de hojas secas.

Su mano se volvió una pluma que,
llena de espanto,
se deshizo en un instante
cuando lenguas en llamas
devoraron cada página
deglutieron cada historia
y de la realidad
todos se olvidaron.

## Abismitos

Hay un abismo entre palabra y palabra
un abismo de colores
y sobre él, hay un puente colgante
un puente hecho de hilos
hilos hechos de memoria
memoria labrada en un campo cubierto
por cientos de olores
un campo hecho de puntos
y poblado por comas
puntos y comas que flotan sobre palabras
palabras que sobreviven
en un abismo de colores.

## Miedo poetil

Le temo al lugar común.
Me persigue,
me busca
se esconde en los rincones
de palabras oscuras.
Me asusta,
me busca
me atrapa,
me envuelve
y se hace sonrisa seductora,
                maquiavélica
                    súplica muda
                        mirada cómplice
                            mano temblorosa
                        mar de dudas
            fuerza hercúlea
      espiral de violencia
cautivadora sonrisa
          ardiente d…

## Abandono

Poesía sin piedad
poesía ignorante
e ignorada
devuelta al vacío
sin creación
sin sonido
devuelta a la tinta
abandonada en un teclado
sin letras
poesía triste
sin lectores.

## Carta a un estilógrafo

—No soy el mismo de antes.
Dijo, entre orgulloso y un tanto tímido, el poema.

—Ya no temo las noches de insomnio,
porque en ellas me encuentro contigo.

Ya no lloro en los rincones de esta casa sin tiempo,
porque sé que me escribirás un día
cuando me sientas latir
en el espacio vacío donde nacen los segundos.

No me duele ya la soledad,
porque hoy te reconozco, te vislumbro
al otro lado del fino abismo,
en el azul pegajoso de tu tinta.

## La enfermedad del escritor

No escribir duele.
Es un dolor un tanto plano
un dolor que quita el aire, mas no del todo.

Lo suficiente para sofocarte despacio
lo justo para un mareo distraído
para emponzoñar el frágil sueño
de una pluma seca.

No escribir duele.
Cuando abandonas el oficio
el miedo vuelve como un niño triste.

Como un caminante torpe arrastra los pies
con su atado de vergüenza bajo el brazo
y un manojo de culpa hecha costra.

**Los dos Vicentes**

Me gustan los dos Vicentes,
el Huidobro y el Gerbasi.

Los dos Vicentes se fundieron
en lenguaje y música y,
desde la cima de un verso libre,

*cayeron en picada*

El uno, mago soñador de poemas
desperdigados en el polvo de galaxias
sin lengua y sin profeta
desplumador de adjetivos asesinos.

El otro, hacedor de los colores del viento
forjador de la música que distrae a las sombras
habitantes asiduas de un bosque
custodiado por un fuego fatuo.

Los dos Vicentes llevan trajes bordados
con hilitos de tiempo.
Un tiempo que yo persigo,
devota de un culto sin dios
seguidora del ritmo verde
que rebota
como la luz,

desafiando la razón
y como el
o
  l
    o
      r
        cae
        sin gracia,
        desde las aristas de un poema.

# ÍNDICE